Crictor

24

tomi Ungerer

CRICTOR

l'école des loisirs
11, rue de Sèvres, Paris 6ᵉ

Pour Nancy, Ursula et Suzanne.

© 1980, l'école des loisirs, Paris, pour l'édition en langue française
© 1958, Tomi Ungerer
Première édition dans la collection « lutin poche » : septembre 1980
Loi numéro 49 956 du 16 juillet 1949 sur les publications
destinées à la jeunesse : septembre 1980
Dépôt légal : avril 1994
Imprimé en France par Aubin Imprimeur à Poitiers

Il était une fois
dans une petite ville
française

une vieille dame
qui s'appelait Madame
Louise Bodot.

Elle n'avait qu'un fils
qui étudiait les reptiles,
en Afrique.

Un matin
le facteur lui apporta une curieuse boîte
en forme d'O.

Madame Bodot poussa un cri en l'ouvrant.
C'était un serpent que son fils lui envoyait
en cadeau d'anniversaire.

Pour être sûre
que ce n'était pas un serpent dangereux,
elle alla au zoo.
Elle l'identifia comme étant un boa constrictor.
Aussi appela-t-elle l'animal Crictor.

Madame Bodot
fut une vraie mère pour lui.
Elle lui donna le biberon.

Elle lui apporta des palmiers
pour lui rappeler sa forêt natale.
Crictor fit comme les chiens quand ils sont heureux,
il agita la queue.

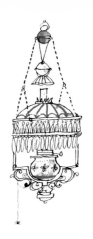

Bien nourri,
Crictor devint plus long,
plus long, plus fort,
plus fort.

Le boa suivait sa maîtresse
quand elle allait faire ses courses.
Les gens étaient stupéfaits.

Madame Bodot
tricota pour Crictor
un long gilet de laine
pour qu'il n'ait pas froid
en hiver.

Crictor avait aussi un bon lit,
bien chaud,
bien confortable.
Là, il rêvait paisiblement
sous ses palmiers.

L'hiver il s'amusait comme un fou
à se tortiller dans la neige.

Madame Bodot était institutrice.
Un jour elle décida de prendre Crictor
dans sa classe.

Et Crictor
apprit bientôt à sa manière,
la forme de l'alphabet.

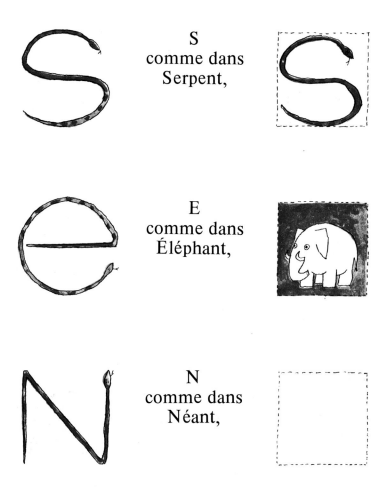

S
comme dans
Serpent,

E
comme dans
Éléphant,

N
comme dans
Néant,

L
comme dans
Lion,

M
comme dans
Moustache,

V
comme dans
Verre,

B
comme dans
Baleine.

Il apprit à compter aussi,
formant des chiffres.

2
pour deux
mains,

3
pour
les Trois Petits
Cochons.

4
pour
les quatre pattes
du chien.

22

5
pour
les cinq doigts
de la main,

6
pour
les six pattes
d'un insecte,

7
pour les Sept
Nains,

8
pour
les huit bras
de la pieuvre.

Le boa aimait jouer avec les petits garçons

et les petites filles aussi.

Il aidait les boys-scouts à apprendre les nœuds.

Crictor était un serpent très serviable.

Un jour,
à la terrasse d'un café,
Madame Bodot apprit par un ami,
assis à une table voisine,
qu'il y avait eu en ville
une série de vols.

Le même soir
un cambrioleur pénétra
dans son appartement.

Madame Bodot était déjà bâillonnée
et ligotée sur une chaise
quand le fidèle boa se réveilla
et attaqua furieusement le cambrioleur,
dont les cris de terreur
éveillèrent les voisins.

Crictor resta enroulé autour de lui
jusqu'à l'arrivée de la police.

Pour sa bravoure,
le serpent héroïque reçut
une belle médaille.

Crictor servit même de modèle
au sculpteur local qui fit une statue
en son honneur.

Et la ville lui dédia un parc.
Aimé et respecté du village tout entier,
Crictor vécut une vie longue
et heureuse.

Jean Thomas (Tomi) Ungerer naît en 1931 à Strasbourg dans une famille d'horlogers. Son père meurt alors qu'il n'a que trois ans et les difficultés matérielles qu'entraîne ce décès obligent la famille à quitter Strasbourg pour un petit village situé à proximité de Colmar.

Les environs de Colmar avec leurs paysages romantiques, leurs villages paisibles et chauds, l'accueil de leurs habitants, fournissent à Tomi Ungerer les éléments de base d'une partie importante de son œuvre.

En 1940, lorsque les Allemands annexent l'Alsace, le changement de l'ordre social et la distorsion des valeurs morales qui en résultent troublent profondément Tomi. Il redevient français en 1945 mais il est bien difficile pour les jeunes Alsaciens de se réadapter en cours d'études à une discipline différente, et à une autre langue officielle après quatre années de domination allemande, de guerre et de désordre. Tomi, lui, accepte mal. Il se rebelle, et se fait renvoyer de l'école avant de passer son baccalauréat.

C'est alors que commencent des années difficiles. Tomi Ungerer part en voyage, traverse l'Europe et fait son service militaire dans les Spahis, en Afrique du Nord. Pas pour longtemps car il ne supporte pas la discipline militaire et il est démobilisé. Il rentre à Strasbourg et s'inscrit aux Arts Décoratifs. Là aussi, il se fait renvoyer pour indiscipline.

Avec soixante dollars en poche et quelques cartons pleins de projets, il décide alors de partir aux Etats-Unis. C'est Ursula Nordström, éditeur de livres pour enfants chez Harper & Row, qui lui donne sa première chance: elle lui signe un contrat assorti d'une avance. C'est le début d'une longue série: il publiera près de quatre-vingts titres en dix ans.

Parallèlement, ses activités d'illustrateur, de publicitaire et d'affichiste le rendent célèbre. Ses affiches contre la guerre du Vietnam, par exemple, se sont vendues dans le monde entier à des millions d'exemplaires. Ses livres pour adultes lui assurent la réputation d'un des plus importants dessinateurs satiriques et humoristiques de notre temps.